Lanzarote

Lieber Erik!

Lebe Deinen Traum!

Von Herzen alles Liebe
zum 40. Geburtstag

Horst und Birgit

Werner Scharnweber

Lanzarote

Impressionen einer Insel

Mit 207 Fotos

EDITION TEMMEN

Lanzarote – Impressionen einer Insel

Vorab

Prolog

Lanzarote – Vulkane über Vulkane (zur Zeit sämtlich außer Betrieb), bizarre Lavafelder, Schluchten und Berge. Hohe Felsenküsten, Klippen, weiße und dunkle Strände. Rundherum Atlantik. Ackerbau auf Lavaasche, Weinbau hinter Trockenmauern. Kakteenfelder. Interessante Wildpflanzen. Weißleuchtende Dörfer, Kirchen und Kapellen. Salinen, Kalköfen, Gofiomühlen.

Freundliche Menschen. Und Farben, Farben, Farben! Lanzarote: einzigartig!

Die Lage

In der „Historischen Beschreibung zum Gebrauche der Jugend in den Churfürstlichen Gymnasien in Baiern", erschienen im Jahre 1783, heißt es: *„Wo liegen die Canarischen Inseln? Die Canarischen Inseln liegen längst der Westlichen Küste der Barbarey und gegen Mittag von der Insel Madera."*

Alfred Kirchhoff schrieb in seinem Buch „Länderkunde von Europa" im Jahre 1893:
„Man rechnet in Spanien amtlich auch die Kanarischen Inseln zu Spanien und Europa und zählt sie als (...) Provinz (...), obwohl über ihre Zugehörigkeit zu Afrika kein Zweifel herrschen kann."

Die Entfernung bis nach Afrika, genau: Marokko, beträgt knapp 120 Kilometer, bis zum spanischen Festland rund 1100 Kilometer.

Die Größe

Lanzarote – ohne die verwaltungsrechtlich zugehörigen kleinen und kleinsten Inseln La Graciosa, Alegranza, Montaña Clara, Roque del Este und Roque del Oeste – ist 795 Quadratkilometer groß. Zum Vergleich: Die deutsche Nordseeinsel Sylt umfaßt 99 Quadratkilometer. Mit anderen Worten: Achtmal würde Sylt in Lanzarote „hineinpassen".

César Manrique

César Manrique - kein anderer Name wird auf und für Lanzarote so oft genannt, geschrieben wie dieser. *„Die Vulkane und der ‚große César' haben Lanzarote geprägt"* wird stets betont.

Dieser 1919 in Arrecife geborene universell-geniale Künstler wollte mit hohem ästhetischen Anspruch „sein" Lanzarote retten vor den Auswüchsen des Massentourismus. Ihm ist es noch heute zu verdanken, daß auf dieser Insel keine Viereckschachteln von Hochhäusern errichtet werden, keine großflächigen Reklametafeln an den Straßen den Blick in die Landschaft verstellen. Er machte den Menschen die Schönheit der überkommenen Bauweise wieder bewußt, mit den kubisch gestalteten, leuchtend weiß gekalkten Häusern, die geschmückt sind mit grünen Fenstern und Türen.

Und er schuf, in einzigartiger Verbindung von Architektur und Natur, großartige Sehenswürdigkeiten. Wie den Mirador del Rio, den Jardin

de Cactus, das Höhlenauditorium Jameos de Agua – um einige zu nennen.

Der Mann hatte eine Vision: Keine Massen von Touristen sollten nach Lanzarote kommen, sondern nur so viele, wie wirklich Platz ist. Elitärer Tourismus, Qualitätstourismus sind Stichworte, die dazu noch heute genannt werden.

Mit dieser Vision mußte César Manrique scheitern. Die Menschen, sie sind nicht so. Hochhäuser und Reklametafeln konnte er verhindern. Sich ins Riesenhafte ausbreitende Touristenorte wie Puerto del Carmen, Costa Teguise und Playa Blanca nicht.

Es gehört wohl – posthum – zur Tragik dieses Mannes, daß in seinen zum stillen Genießen gedachten Sehenswürdigkeiten sich heute während der Öffnungszeiten von früh bis spät Urlauberscharen drängeln. Von Stille, von „Räumen zum Träumen" keine Spur.

1992 ist César Manrique nach einem Verkehrsunfall auf Lanzarote gestorben.

Lanzarote 1834

„Lanzarote oder Lancelotta (...), 25 Quadrat-meilen, 17.000 Einwohner, enthält 1 Villa, 7 Pueblos, 54 Dörfer und Weiler, worin 8 Pfarr-kirchen, 21 Kapellen, 2 Mönchsklöster, 1 Hos-pital, 4085 Feuerstellen. Die Hauptstadt ist Teguise, 200 Häuser, 1000 Einwohner; ferner der sehr gute Hafen Naos (mit 3 Vulkanen, die seit 1730 ruhten, aber 1823 und 1824 wieder sehr heftig wütheten) und Arecifa, der einzi-ge auf den Canarien, wo man Schiffe ausbes-sern kann."

(Aus: „D. Christian Gottfried Daniel Stein's Handbuch der Geographie und Statistik für die gebildeten Stände." 3. Band, sechste Auflage. 1834)

Vulkanisches

*„Lanzarote ist etwas ganz und gar Einzigartiges.
Es erweckt den Eindruck einer kosmischen Kata-
strophe, denn auf dieser Insel scheint der siebente
Schoepfungstag nicht stattgefunden zu haben. Tat-
sache ist, dass erst in der spaeteren Neuzeit, also
im XVIII. und XIX. Jahrhundert, grosse Vulkanausbrüche auftraten, die ein Gebiet von ungefaehr 200
km^2 ueberschuettet und sein Aussehen voellig ver-
aendert haben. Die unzaehligen Vulkankegel, die
das Feuer geformt hat, und seine verkohlten Taeler
bilden eine geheimnisvolle, mondartige Landschaft,
deren Betrachtung eine einzigartige Erfahrung ist."*

(Aus der Info-Broschüre „Die Kanarischen Inseln", herausgegeben vom
„Ministerio Transportes, Turismo y Communicaciones"; 1990)

... und darunter ist glühendes Magma

„In dieser Insuln Gegend soll weyland die grosse Insuln Atlantis gewesen seyn, welche aber nicht mehr zu finden ...". So schreibt P.M. Berkemeyern anno 1752 im 2. Band seiner „Neuvermehrter curieuser Antiquarius."

Die Wissenschaftler für Erdgeschichte unserer Zeit haben diese Annahme längst widerlegt. An den geologischen Gegebenheiten läßt sich ablesen, daß an und zwischen den Kanarischen Inseln umfangreiche Landsenkungen nicht stattgefunden haben. Folglich: das sagenhafte, untergegangene Atlantis hat (auch) hier nicht gelegen. Die Kanarischen Inseln sind keine „Atlantis-Reststücke". Die Sache ist gerade umgekehrt: Es ist kein Land untergegangen, sondern „aufgetaucht".

Am Anfang war nur der Ozean. Bis dann vor Millionen von Jahren die ersten Landmassen emporkamen. Bewegungen in der Erdkruste waren dabei ebenso am Werk wie aktiver Vulkanismus.

Die Kräfte der Erde haben Lanzarote entstehen lassen und geformt. In dem grandiosen Inselbereich der Feuerberge, in den Gebieten der erstarrten Lava, läßt sich das unmittelbar und beeindruckend erkennen. An Plätzen wie diesen wird der Mensch daran erinnert, daß die feste Kruste von „Mutter Erde" dünn ist. Und sich darunter nicht nur feste Massen, sondern auch glühendes Magma und heiße Gase befinden.

Garantiert beendet sind die vulkanischen Aktivitäten auf Lanzarote nicht. Schwere Vulkanausbrüche fanden in den Jahren 1730 bis 1736 statt. Also vor rund 270 Jahren – ein Zeitraum, der erdgeschichtlich weniger als 1 Sekunde bedeutet. Der – vorerst – letzte Vulkanausbruch datiert auf das Jahr 1824.

Timanfaya-Nationalpark

51 Quadratkilometer von den in den Jahren 1730 bis 1736 neu geborenen Vulkanlandschaften wurden mit Dekret vom 9. August 1974 zum Nationalpark erklärt. Und damit unter weitgehend umfassenden Schutz gestellt. Nur ein kleiner Teil ist für Besucher zugänglich, auch das ausschließlich in streng geregelten Bahnen. Der Name dieses weltberühmten Nationalparks: „Parque Nacional de Timanfaya". Eigentümer des Timanfaya-Nationalparkgeländes ist nicht etwa der spanische Staat, sondern sind die Inselgemeinden Tinajo und Yaiza mit einem Anteil von zusammen 95,9 Prozent. Die restlichen 4,1 Prozent befinden sich in Privatbesitz.

Namensgeber

Der 510 Meter hohe Vulkanberg Pico de Timanfaya ist Namensgeber des „Parque Nacional de Timanfaya", des Timanfaya-Nationalparks. In seiner rost-roten Farbe, seinen ebenmäßigen Formen ist der Berg besonders „fotogen" – von nah und von fern. Eine geologische Schönheit.

Islote de Hilario

Auf dem (hergerichteten) Plateau Islote de Hilario befindet sich das Besucherzentrum des Timanfaya-Nationalparks mit Parkplatz, Restaurant, Sanitäreinrichtungen. Und mit dem Abfahrplatz der speziellen Nationalpark-Busse, in denen die Besucher im Schrittempo eine 3/4 Stunde lang durch die Welt der Feuerberge gefahren werden. Die etwa 14 Kilometer lange „Vulkan-Tour" ist Höhepunkt im Erlebnis dieser wunderbaren „Mondlandschaft".

Der Islote de Hilario, eine vulkanische Erhebung, stammt nicht aus den Vulkanausbruchzeiten von 1730 bis 1736, sondern ist wesentlich älter. Bei den jüngsten Ausbrüchen wurde er nicht überdeckt, er ragt aus dem umgebenden „neuen" Lavameer heraus.

Heiß

Auf dem Besuchergelände am Islote de Hilario wird es von Mitarbeitern des Nationalparks vorgeführt: Wie sehr „lebendig" die Welt der Feuerberge nach wie vor ist. In eine etwa 3 Meter*) tief ausgehobene Grube halten sie, befestigt an einer Stange, ein Bündel trockenen Dornbusches. Nach wenigen Augenblicken brennt der Busch lichterloh. Selbstentzündet an den Temperaturen von bis zu 435° Celsius*), die an den Rissen am Grunde des Loches auftreten.

Nun wabert 3 Meter unter der Oberfläche noch nicht direkt flüssiges Magma. Die hohen Temperaturen werden durch entsprechend aufgeheizte, aufsteigende Gase erzeugt. Die allerdings sind magmatischen Ursprungs, kommen also aus dem Erdinnern.

*) Tiefen- und Temperaturangabe nach „Nationalpark von Timanfaya. Besucherführer", herausgegeben von Organismo Autónomo Parques Nacionales. 1997.

Faszinierende Ödnis

Die Vulkanausbrüche in den Jahren 1730 bis 1736 bedeckten 174 Quadratkilometer Land mit Basaltlava, Aschen, Schlacken, begruben mehrere Ortschaften, ließen Vulkankegel, Krater, Berge, Aschetäler entstehen. Zitat:*) *„Die Wissenschaftler haben errechnet, daß ein Volumen von etwa 2 Milliarden Kubikmeter Lava aus der Erde floß, die die Oberflächengestalt Lanzarotes völlig veränderte."*

Die so geborene Vulkanlandschaft ist Ödnis –eine gewaltige, großartige, faszinierende Ödnis.

*) Aus: „Nationalpark von Timanfaya. Besucherführer", herausgegeben von Organismo Autónomo Parques Nacionales. 1997.

Feuerberge

„Montañas de Fuego" – die Feuerberge. So heißt ein Kerngebiet im Nationalpark, in dem 1730 bis 1736 die stärksten Eruptionen stattfanden. Entlang eines vulkanisch-tektonischen Risses in der Erdrinde spien die Berge Feuer. Unvorstellbare Mengen von flüssigem Basalt, Schlacken und Aschen wurden ausgeworfen. Sie begruben mehrere Dörfer, eine bis dahin blühende, landwirtschaftlich geprägte Region.

Zurück blieb eine grandiose Landschaft der Urgewalten. Beeindruckend, auch beklemmend. Und doch erhaben.

Der lange Riß in der Erdkruste

Ausflug per Dromedar

Am Fuße des Timanfaya, des mit 510 Metern höchsten Berges im Nationalpark, befindet sich, direkt an der Straße von Yaiza nach Tinajo gelegen, der Kamelreitplatz. So die durchaus offizielle und dennoch nicht exakte Bezeichnung. Denn nicht Kamele, sondern Dromedare warten hier mit ihren Führern auf Touristen. Um diese, für entsprechendes Salär, auf Sitzgestelle verfrachtet, durch die Vulkanberge zu schaukeln. So ungefähr 15 bis 20 Minuten lang.

Zu Hause sind diese Dromedare in der nächstgelegenen Ortschaft Uga, wohin sie am Ende des Tages, nach getaner Arbeit, in langer Reihe zurückkehren.

Für's touristische Geschäft wurden die Dromedare auf Lanzarote ursprünglich nicht angeschafft. Sie arbeiteten in der Landwirtschaft, vor Pflug und Egge. Und sie transportierten alle Lasten. Seit Jahrhunderten.

Pause für die Dromedare ...

... und für ihre Führer

Diese Farben

Die jungen Lavafelder zeigen sich in Basalt-
schwarz. Die zugehörigen Vulkanberge aber
in verschiedenen Farben. Zum Beispiel in Rot-
braun.

... und wie es da unten aussieht?

Gedanken im Angesicht der Vulkanberge: 6371
Kilometer Entfernung sind in unserer hochmo-
bilen Zeit kein Problem. Ein paar Flugstunden,
schon ist man da. Schließlich sind die ersten
Menschen bereits auf dem Mond gewesen, am
20. Juli 1969. Und der ist, je nach Stand auf

seiner Erdumlaufbahn, zwischen 356.400 Kilometer und 406.700 Kilometer entfernt.

Und doch: Wie es auf unserer Erde in 6371 Kilometer Entfernung aussieht, wissen wir nicht.
Nicht wirklich. Jedenfalls dann nicht, wenn die-

se Entfernung „von oben nach unten" gemessen wird. Will sagen: vom Erdboden, auf dem wir stehen, bis zum Erdmittelpunkt. Der ist nämlich tatsächlich nur 6371 Kilometer entfernt. *Auf der Erde eine eher „lächerliche" Entfernung. Unüberbrückbar aber nach „unten". So unüberbrückbar, so „entfernt", daß die Wissenschaft unserer Tage nicht beweisbar sagen kann, woraus der „unterste" Erdkern besteht. 6371 Kilometer tief bohren, das kann man nicht. Die „höllischen" Kräfte im Erdinnern sind unüberwindbare Sperren.

Wissenschaftlich einig ist man sich über den dreiteiligen Schalenaufbau der Erde. Hans-Ulrich Schmincke hat in seinem großartigen Buch „Vulkanismus"*) diese Dreiteiligkeit beschrieben:

„Die Erdkruste, die dünne äußere Rinde der Erde, ist in den Kontinenten im Mittel etwa 30 km mächtig (...) Der darunter folgende Erdmantel (...) ist ungefähr 2870 km dick (...) Der Kern, vermutlich aus Nickel/Eisen bestehend, hat einen Radius von 3480 km (...)"

*) 2. Auflage. Wissenschaftliche Buchgesellschaft, Darmstadt.

Unikate

Soweit das Auge reicht: dunkles, hartes Lavage-stein, Basalt. Große und kleine Brocken im im-posanten Durcheinander meterhoch über einst fruchtbarem Land aufgeschichtet. Lavagestein, glattwandig, aber scharfkantig hier, zerklüftet und rauh dort. Jeder Brocken ein Unikat. Und manche mit Oberflächenmuster. Muster fließen-der, tropfender Lava, erkaltet, erstarrt. Bilder, die etwas ahnen lassen vom urgewaltigen Ent-stehen dieser riesigen, steinernen Felder.

Lava – in Sorten

„Lavameer. Es handelt sich um ausgedehnte Lavafelder mit verschiedenen Lavatypen. Man unterscheidet grob die 'aa'-Lava, die sehr dick-flüssig war und eine zerklüftete, rauhe und un-zugängliche Oberfläche hinterließ (Malpais = schlechtes Land) und die Lava vom Typ Pahoe-hoe, die weitaus flüssiger war und relativ glat-te und wellige Oberflächen hinterließ, die so-genannten 'Cordadas'".

(Aus: „Nationalpark von Timanfaya. Besucherführer", herausge-geben von Organismo Autónomo Parques Nacionales. 1997.)

Olivin

Aus einem der handlichen Lavabrocken in einer der aufgeschichteten Feldmauern schimmert es flaschengrün: Olivin! Ein kristallines Mineral, genaugenommen sogar ein Halbedelstein. Al-lerdings in der für Lanzarote typischen körni-gen, ziemlich brüchigen, für Schmuckherstel-lung damit eher untauglichen Art. Umhüllt von einem schwarzen Basaltlavaring aber allemal ein interessanter Foto-Fund. Der Erdmantel, so ab 30 Kilometer Tiefe, besteht nach Hans-Ul-rich Schmincke *„... aus Fe- und Mg-reichen Si-likaten*), insbesondere Olivin". **).* Womit die vulkanisch-eruptive Herkunft unseres Olivin-Fundes geklärt wäre.

Gar so selten sind denn auch grüne Olivin-Ent-deckungen in manchen (zugänglichen) Abschnit-ten der Lava-Meere oder an den Lavabrocken-Mauern der Felder nicht. Genaues Hinsehen vorausgesetzt. Selten sind kleine gelbliche, braune und rotbraune Olivin-Einschlüsse.

* Fe = Eisen, Mg = Magnesium
**) Zitat aus „Vulkanismus", 2. Auflage. ISBN 3-534-14102-4. Wissenschaftliche Buchgesellschaft, Darmstadt.

„Öfchen"

Die unterschiedlichen vulkanischen Strukturen und Gebilde tragen spezielle Bezeichnungen. Zum Beispiel die „Hornitos", das bedeutet „Öfchen". Es sind kleine Öffnungen, aus denen Lava und Gase austraten, ohne jedoch große vulkanische Gebilde zu erzeugen. Der bekannteste „Hornito" im Nationalpark ist der sogenannte „Manto de la Virgen", auf deutsch: der „Umhang der Jungfrau".

Im Lavameer

Es gibt sie, hier und dort, schmale, oft kurze Pfade ins „Mar de Lava", ins Lavameer, außerhalb des Nationalparks Timanfaya, erst recht abseits üblicher Touristenpfade. Hier, und eigentlich nur hier, läßt sich die Großartigkeit dieser einzigartigen Ur-Landschaft ungestört von Fremdgeräuschen erleben. Ungewohnt die Stille. Kein Vogellaut, nichts. Nur der Wind. Aber auch der hält in kurzen Pausen den Atem an. Dann ist die Stille absolut, „totenstill". Der Mensch fühlt sich klein im Angesicht dieser unbeherrschbaren Urgewalten der Natur.

„Umhang der Jungfrau" (oben)
Ein „Öfchen" (rechts)

Und doch – diese längst erstarrten, erkalteten, schroffen, wild-gezackten Massen, hervorgeschleudert aus dem Innern der Erde, sind auch beeindruckend schön. Apokalyptisch schön.

Vulkanberge

Der Blick auf den nächsten Vulkanberg ist auf Lanzarote stets garantiert, immer und überall. Die jüngsten, drei an der Zahl, stammen aus dem Jahr 1824. Die ältesten sind 16 (andere sagen: 20) Millionen Jahre alt. Je älter die Vulkanberge, um so mehr hat die Erosion in Jahrmillionen daran gearbeitet, hat sie abgerundet, teilabgetragen, Rinnen eingegraben, die Oberfläche mit Verwitterungskrusten überzogen. Junge Vulkanberge sind ursprünglicher, wie „neu

geboren". In den Höhen zeigen die Berge Mit-
telmaß, differieren zwischen 609 Meter, wie der
Monte Corona im Inselnorden, und 105 Meter
für den Montaña Cavera westlich von La Caleta
de Famara. Auch in ihren Formen gibt es Un-
terschiede. Imposant sind sie alle.

Vulkanische Landschaft

Hartes, kantiges, bizarres Lavagestein. Daneben aufgetürmte Aschefelder, in weichen, sanften, gerundeten Konturen geformt.

Wachsende Kugel

Nein, erklärt Juan Morales Reyes, der freundliche Nationalpark-Ranger, eine Lavabombe sei das große Gebilde dort auf dem Aschehang nicht. Es handele sich vielmehr um eine „gewachsene Kugel". Wie eine Schneekugel sei dieses Vulkangestein beim Abrollen über den Kraterhang immer größer und dicker geworden. Um dann schließlich liegenzubleiben. So geschehen vor etwa 270 Jahren, damals, als die Vulkane aktiv waren.

Die Flechten kommen

Das steinerne, dicht an dicht gepackte Lavameer ist anfangs lebensfeindlich. Lebendige Natur aber findet immer einen Weg, sich zu be-
haupten. Zuerst mit bis zu 200 verschiedenen
Flechtenarten, die sich auf den steinernen Flä-
chen ansiedeln. Das geschieht nach und nach.
In Jahrhunderten. Natur hat unendlich viel Zeit.
Je stärker der Flechtenbesatz, um so älter das
Lavagestein.

Durchtrennte Lavawände

Die Straße von Uga durch das Hochtal von La Geria nach Masdache. Kurz vor Masdache mußten
die Straßenbauer eine Lavazunge durchschnei-
den. Wodurch jetzt der Blick auf die durchtrenn-
ten Lavawände möglich ist: Basalt in imponie-
render Mächtigkeit.

Cueva de los Verdes

Durch die Einsturzöffnung geht es rund 50 Meter hinab in die Unterwelt. In Höhlen und Grotten, in lange Tunnel, enge Stollen, schmale Gänge. Geschaffen vor etwa 3000 Jahren von ungeheuren Lavaströmen des ausgebrochenen Monte Corona, die an der Oberfläche bald erkalteten, im Untergrund aber weiterflossen. Nach und nach versiegte der Nachschub, die unterirdisch verlaufenden Lavaströme verebbten im Meer, ihre selbstgeschaffenen Tunnel liefen mehr oder minder leer. Und hinterließen diese phantastische Höhlenwelt. Die gezackten und die gewellten Decken und Wände, die bizarren Nischen,

die Abgründe sind indirekt ausgeleuchtet. Wodurch Formen und Farben zur besonderen Wirkung kommen. Je nach Gesteinsart schimmert und leuchtet es rot, gelb, schwarz, weiß, grünlich und vielfarbig.

Ungefähr eine 3/4 Stunde dauert die etwa 1 1/2 Kilometer lange Führung durch den zugänglichen Teil dieses vulkan-geschaffenen Phänomens unter dem Malpais de la Corona.

Der Eingang zur Höhle

Lavafeld mit Brüchen

In langen, breiten, gestaffelten, unterschied-
lich hohen Wellen ist die Lava hier geflossen.
Und dann zu abgerundeten Platten erkaltet, erstarrt. Die eine und andere „Welle" hat sich –
wie in einer Brandung – hochkant gestellt. Und
nun, nach „ewig langen Zeiten", scheint dieses
steinerne Lavameer „müde" geworden zu sein.
Viele Platten sind auseinandergebrochen, haben – erkennbar deutlich jüngere! – Rißlinien
und Spalten gebildet. Möglich, daß Hohlräume,
„Blasen" unter den Lavaplatten die Ursache sol-
cher Brüche sind. Auch kleinere und größere
Einbruchkessel sprechen dafür.

Eine ganz eigene Lavawelt ist es. Zu finden an der
Straße, die von Masdache nach La Vegueta führt.
Nur wenige Meter nach Beginn der Straße.

Wolfsmilchsgewächse
im steinernen Meer

Nach ein paar Jahrtausenden haben die Flechten
auch im kompaktesten, hoch aufgeschichteten
Steinmeer der Lavafelder beachtliche Arbeit ge-
leistet. Die Oberfläche selbst des härtesten und
nur scheinbar „unangreifbaren" Basaltgesteins
zeigt Verwitterungsspuren. Das Verwitterungs-
material bildet zusammen mit Flugsandeintrag
die Grundlage für das Gedeihen höherer Pflanzen. Der Sand stammt aus der Sahara, einge-
weht durch gelegentliche heftige Winde aus

Malpais de la Corona

Vor etwa 3000 Jahren ist der Vulkan Monte Corona, oben im Inselnorden gelegen, ausgebrochen. Er hat Richtung Osten riesige Lavamassen ausgepustet und damit 30 Quadratkilometer Land zugedeckt. So entstand „Malpais de la Corona", das „schlechte Land", eine siedlungsleere Fläche.

Das Lavagestein erscheint großporig, erinnert an Schlacken. Die Gewichtsprobe eines kleinen Brockens per Hand aber zeigt: Das Gestein ist nicht schlacken-leicht, sondern basaltstein-schwer. Und überall dicht mit Flechten besetzt. In Senken, auf aufgewehten Böden, haben sich Pflanzen angesiedelt, Wolfsmilchgewächse vor allem.

Jetzt, Ende September, nach einem langen, regenlosen, warmen Sommer, ist alles grau-braun, trocken. Die Weite des Malpais in einer Stimmung melancholischer Leere.

Ost. Vor allem die widerstandsfähigen Wolfsmilchgewächse mit ihren langen Suchwurzeln besiedeln die steinernen Meere der „alten" Vulkanausbrüche.

Skulptur

Und dann ist da, fast am Rande einer schwarzen Basaltlavazunge, dieser einzelne, mächtige, mehr als mannshohe Brocken. Von vulkanischen Kräften hochkant gestellt. Gegliedert in wirre Teilformen und Linien. Und doch eigentlich harmonisch. Ein Natur-Kunstwerk, eine vulkanische Skulptur.

Die Küsten

Arrecife

Arrecife, die Inselhauptstadt. Um 45.000 Einwohner. Als schnell gewachsene Wirtschaftsmetropole bisher nicht unbedingt eine Stadtschönheit. Aber daran wird gearbeitet. Mit sichtbaren Erfolgen. Die kilometerlange Uferpromenade ist inzwischen vom Feinsten. Erst recht die Charco de San Ginés, die kleine Lagune mit Romantiktouch. Verkehrsberuhigte Straßen laden ein zum entspannten Shoppingbummel. Das 415 Jahre alte, vierkantige Kastell San Gabriel auf der Mole erinnert an Zeiten, in denen menschenraubende Piraten kamen.

Die wundersame Wandlung von „La Tiñosa"

Bis 1970 hieß das kleine Fischerdorf „La Tiño-sa", das bedeutet „Die Schäbige". Dann hat man sich von den Nachbarinseln den Touris-mus abgeguckt. Und Touristenherbergen ge-baut, noch und noch. Himmelragende Hoch-bauten waren (und sind) nicht gestattet – Cé-sar Manrique läßt grüßen. Also baute man in die Breite. Und in die Länge. Immer an der Küste entlang, zunehmend auch den Hang hinauf. Um die 35.000 Touristenbetten sind es bis jetzt. Es werden mehr.

„Die Schäbige" wollte man auch nicht mehr hei-ßen, damals, als es vor Jahren losging mit dem Urlauberboom. Aus „La Tiñosa" wurde „Puerto del Carmen". Der Name hat Klang, touristisch gesehen. Und verfehlte seine marketing–stra-tegische Wirkung nicht: Puerto del Carmen ist Urlauber-voll. Immer.

Der neue Name hat übrigens seine Berechti-gung. Schließlich war man mal Fischerdorf. Und ist es mit einigen Kuttern und einer Anzahl of-fener Boote bis heute. Carmen*), so weiß man, ist die Schutzpatronin der Fischer.

*) Carmen, aus dem Spanischen übernommener weiblicher Vorname. Eigentlich Virgen del Carmen (Jungfrau [Maria] vom Berge Karmel).
Zitat nach: „Meyers grosses Taschenlexikon in 24 Bänden". Ausgabe 1983.

Strelitzie

In Puerto del Carmen, eine kleine Nebenstraße, ein schmaler Vorgarten: die Blüte einer „Strelitzia reginae" im Gegenlicht. Schönheit der Natur in Vollendung. Für Engländer heißt die Strelitzie „bird of paradise flowers". Treffender, romantischer kann man's nicht sagen.

Puerto Calero

Puerto Calero – Mustersiedlung, kleiner Ferienort und vor allem Yachthafen. Alles der feineren Art. Die Poller am Hafen sind nicht aus gewöhnlichem Eisen, sondern strahlen in Messing. Die vielen Palmen – weil gut bewässert – gedeihen prächtig und zeigen ihre Wedel in sattem Grün. Die Rotstein-gepflasterte, gepflegte Promenade ist lang und mit Sitzbänken wohl versehen. Villen der Nobelklasse leuchten in strahlendem Weiß. Die Motor- und Segelyachten an den Stegen rangieren in der Preisklasse von teuer an aufwärts.

Massentouristischen Trubel – nein, den möchte man in Puerto Calero wohl wirklich nicht.

Die Papagayo-Strände

Punta de Papagayo, das Kap an der äußersten Südspitze der Insel, ist Namensgeber. Für die berühmten Papagayo-Strände. Die schönsten der Insel. Mit hellem Sand. Mit kristallklarem Wasser, das oft in Karibikgrün aufleuchtet. Jeder Strand eingerahmt von einer windschützenden Felsenbucht. Und (noch) weitgehend frei von „touristischer Infrastruktur". Herrliche Naturstrände, die nicht zugestellt sind von dicht an dicht aneinandergereihten Liegen und Sonnenschirmen. Möge es so bleiben!

Nach Anfahrt auf steiniger, holpriger Piste erreicht: die schönste Bucht der naturbelassenen Papagayo-Strände.

Die Salinas

Atlantikwasser in flache Becken geleitet. Die Sonne läßt das Wasser verdunsten, das Meersalz bleibt zurück. Nach diesem Prinzip funktionieren die Salzfelder, die Salinas. Mehr als zwei Dutzend sollen es an den Küsten der Insel einst gewesen sein, manche sind viele Jahrhunderte alt. Zwei sind noch in Betrieb. Nicht, weil Salzproduktion dieser Art sich heute wirklich rechnet, konkurrenzfähig ist. Sondern – gefördert mit öffentlichen Mitteln – zwecks Erhalt dieser großartigen Kulturdenkmäler. Für den high-tech-gewohnten Menschen unserer Zeit sind die Salzpfannen und die Salzberge der Salinas bestaunenswert. Objekte aus einer anderen, aus einer archaisch anmutenden Arbeitswelt. Zu erleben in den Salinas de Janubio, an der Westküste im Süden, und in den Salinas de los Agujeros, an der Ostküste, auf der Höhe der Ortschaft Guatiza.

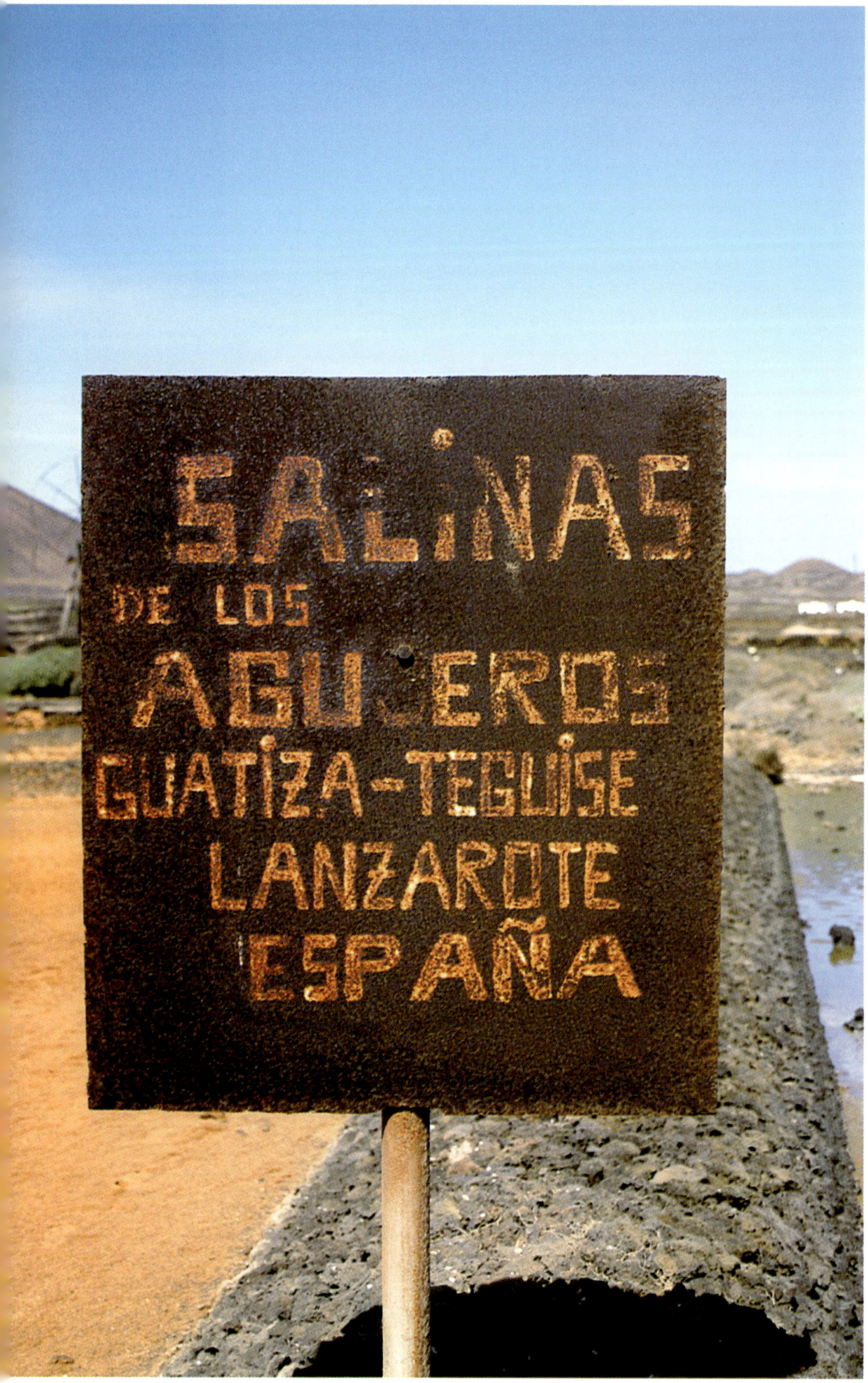
SALINAS
DE LOS
AGU EROS
GUATIZA-TEGUISE
LANZAROTE
ESPAÑA

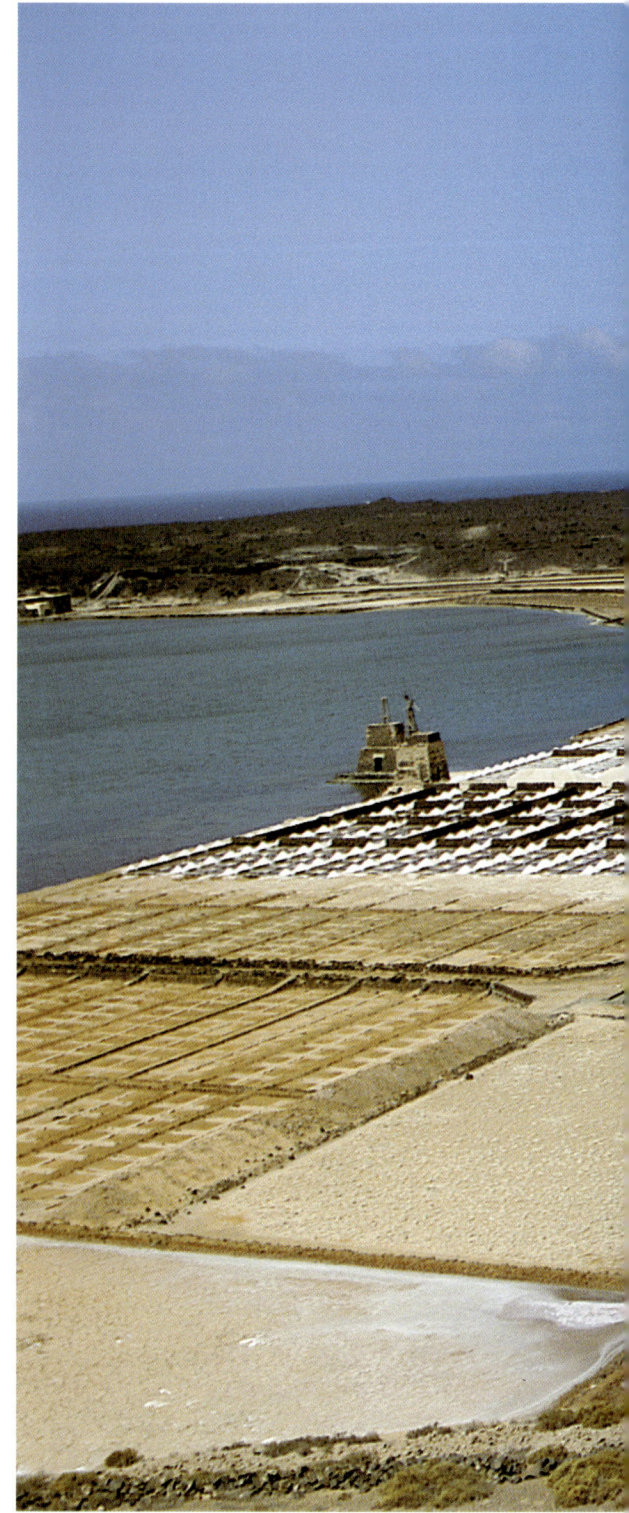

Die Klippen, das Meer und der Himmel

Die Küste nördlich der Salinas de Janubio. Mächtige Lavaströme, die zum Meer flossen, zu hohen Klippen erstarrten. Davor der „ewige" Atlantik, tiefblau. Und weiß-schäumend in der Aufprallzone. Darüber der Himmel, lanzarotisch-blau, mit hingehauchten, federleichten weißen Wolken. Eine Naturkomposition!

Lava-Inselchen

Einige Spitzen der Lavaströme haben es noch etwas weiter hinaus ins Meer geschafft. Und liegen nun als Lava-Inselchen kurz vor der Küste. Vom Meer ständig mit weißem Brandungskranz umgeben.

El Golfo

El Golfo, der kleine Ort im Süden, ist eine „Perle". Nicht nur wegen der vielbesuchten „Lago Verde", der Grünen Lagune.

Die Restaurants haben sich an der Küste aufgereiht. Man sitzt in „Tuchfühlung" zum Atlantik, beobachtet das ewigwährende Schauspiel der auflaufenden Wellen. Außerdem hat sich El Golfo noch Ursprüngliches bewahrt.

Gestern und Heute, überkommenes, einfaches Leben und Touristisches – hier ist alles charmant gemischt. Man fühlt sich wohl.

Der „angeschnittene" Krater

An der Küste bei El Golfo ist ein Krater „angeschnitten", das heißt, die eine Hälfte fehlt. Den verschwundenen Teil hat in unendlichen Zeiten das Meer geholt – meinen Experten. Möglich auch, der Vulkan hat bei einem explosionsartigen Ausbruch seine eine Hälfte selbst weggesprengt. Weil derart weit geöffnet, ist der stehengebliebene, schön geschwungene halbe Kraterteil mit seinen bizarren Wänden bestens zu betrachten.

Unten, gewissermaßen auf seinem (jetzigen) Grund, das nächste Naturwunder: El Golfo's berühmte „Grüne Lagune". Ein kleiner, vom unmittelbar angrenzenden Meer durch eine Sandbank abgeschnittener Binnensee. Für die grüne Farbe sollen spezielle Algen verantwortlich sein.

Wieso diese „Lago Verde" nicht austrocknet? Atlantikwasser sickert unterirdisch nach, durch die Sandbank hindurch.

Eine Bucht

Stimmungsvolle Buchten gibt es an allen Küsten. Die runde Bucht von El Golfo ist eine der schönsten.

Wasser gewinnt

Wasser contra härtestes Lavagestein. Wasser gewinnt. Vorausgesetzt, der Wettstreit dauert Jahrtausende, besser: Jahrmillionen. Dann schleifen Wellen und Brandung des Atlantiks die kantigsten Basaltbrocken zu schönen, gerundeten Formsteinen, mit absolut glatter Oberfläche.

Was für Bilder

Was für Bilder: die schwarze, zerklüftete Lavaküste, an der sich, zu weißer Gischt aufschäumend, die anrollenden Wellen des Meeres brechen. Gesehen bei El Golfo.

Fisch in allen Varianten

Für Liebhaber von Fischgerichten ist Lanzarote ein Gourmetparadies. In den Restaurants werden oft mehr als zwei, drei Dutzend verschiedene Fischarten angeboten. In allen nur denkbaren Zubereitungsformen. Die in Arrecife stationierte Fischereiflotte sorgt für Nachschub. Allerdings, der längeren Fangreisen wegen, gefrostet. Für fangfrische Ware sind die Kleinfischer zuständig, die mit ihren offenen Booten und kleinen Kuttern in Küstennähe fischen. Sie beliefern die Restaurants direkt.

Dörrfisch

Ausgenommen, gewaschen und auf die Leine gehängt. In wenigen Tagen wird aus dem Frischfisch – Dörrfisch. Von Einheimischen als Speise geschätzt. Von Touristen eher weniger.

Mirador del Rio

Nein, den Ausblick vom 479 Meter hohen Berg Bateria im Inselnorden, hinab auf El Rio, der Meerenge zwischen Lanzarote und der kleinen Nachbarinsel La Graciosa, auf die Insel selbst, auf die grandiose Steilküste und auf die Weite des Atlantiks hat César Manrique nicht „erfunden". Diesen phantastisch schönen Fernblick haben schon Soldaten gehabt, die hier im 19. Jahrhundert auf einem Stützpunkt Dienst taten. Spanien befürchtete damals eine Invasion. Nicht, wie noch ein, zwei Jahrhunderte zuvor, von Piraten, sondern – man staune – von den USA*). Die Amerikaner sind in feindlicher

Badenixe

Die junge Badenixe kennt sich aus mit verschwiegenen Plätzen zum erfrischenden Bad im Meer. Wie hier in den Klippen neben den Salinas de los Agujeros.

La Graciosa

Absicht gottlob nicht gekommen. Dafür, höchst friedlich, die Touristen. Denen war mit dem vormaligen Artilleriestützpunkt nicht so recht gedient. Also schuf César Manrique genau hier das Mirador del Rio, eine geniale Symbiose aus Architektur und Natur. Es ist der großartigste Aussichtspunkt!

*) Anhaltende Aufstände in den damaligen spanischen Kolonien Kuba und den Philippinen führten zur Einmischung der Vereinigten Staaten und zum Krieg Spanien/USA. Im Frieden von Paris (10. Dezember 1898) erhielten die USA das bis dahin spanische Porto Rico und kauften die Philippinen für 20 Millionen Dollar. Kuba wurde Republik. Spanien befürchtete, auch noch die Kanarischen Inseln zu verlieren.

La Graciosa, die „kleine Schwester Lanzarotes", die Nachbarinsel, nur 28 Quadratkilometer groß, durch den knapp 2 Kilometer breiten Meeresarm El Rio von Lanzarotes Nordküste getrennt. Von Orzola aus kann man mit der Fähre hinüberfahren. Das machen wenige. Alle anderen begnügen sich mit dem Blick vom Mirador del Rio aus, über's Wasser hinweg, auf „die Anmutige", wie die deutsche Übersetzung von La Graciosa lautet. Zu erkennen sind – Fernglas ist hilfreich – der kleine Hafenort Caleta del Sebo, karge, sandige Ebenen, vier Vulkankegel, weiße Strände.

Blick auf La Graciosa

Weiß und schwarz

Der farbliche Kontrast kann nicht größer, auch nicht großartiger sein: Aufgewehter weißer Dünensand auf und zwischen schwarzem Lavagestein. An der Küste bei Orzola, im Inselnorden.

Caleta del Sebo

Botanisches Universalgenie

Sie wächst bevorzugt an Küsten, den sandigen, wie den steinigen. In prächtigen Exemplaren zum Beispiel an der Lavastein-Dünensand-Küste vor Orzola. Diese Pflanze ist ein botanisches Universalgenie. Zuvörderst ist sie sukkulent. Dieser Begriff steht im Botanischen für saftvoll, fleischig. Fleischig fühlen sich ihre in Y-Form gestellten Blätter auch an. Darin wird Feuchtigkeit gespeichert. Außerdem ist sie ein echter Halophyt, das heißt: eine salzliebende Pflanze. Sie schätzt also die salzhaltige Luft der Küste. Selbst zeitweilige Überflutung verträgt sie. Andererseits macht ihr auch anhaltende Trockenheit nichts aus. Sie nimmt es, wie's kommt – und gedeiht! Ein botanisches Universalgenie.

Im Spanischen heißt der kleine, niedrigwachsende Strauch Uva de mar, auf deutsch: Traube des Meeres. Der botanische Name: Zygophyllum fontanesii.

... und immer wieder das Meer

Mit der ganzen Schönheit der weißen Brandungswelle. Bewundert bei Orzola.

Wildromantisch

Das Wasser in der Bucht schimmert smaragd-grün. Dahinter wirken die begrenzenden, gigan-tisch hoch und steil aufragenden Felsen düster, geben der Szenerie etwas Dramatisches. Uner-schrockene Surfer schätzen diese wildromanti-sche, einsam gelegene Bucht. Playa de la Can-teria heißt der Platz, knapp 1 Kilometer nord-westlich von Orzola.

„Kapelle der Schneejungfrau"

Schnee heißt auf Spanisch „nieve" und Kapel-le „ermita". Folglich ist die „Ermita de las Nie-ves" die „Kapelle der Schneejungfrau". Schnee und Lanzarote – zwei Begriffe, die gedanklich so gar nicht zusammenpassen. Die jungen Hir-ten haben dort, wo heute auf dem 648 Meter hoch gelegenen Plateau diese Ermita steht, im 18. Jahrhundert auch nicht um Schnee, sondern um Regen gefleht. Und mit dem Regen hat es offenbar auch geklappt. Zum Dank haben die Inselbewohner hier, abseits jeglicher Siedlung, ihre „Ermita de las Nieves" samt Zisterne er-baut. Ziemlich ungemütlich ist es auf der ein-samen, stets windgepeitschten Höhe. Der Blick auf die Bucht von La Caleta de Famara aber ist großartig.

Linke Seite unten: Kapelle der Schneejungfrau
Rechts: Die Zisterne

Doppelblick

Auf dem hochgelegenen Plateau neben der kleinen Kapelle Ermita de las Nieves weht stets ein
heftiger Wind. Da ist es gut, sich festzuhalten.
Um – nahe der Abbruchkante – den (verlieb-
ten) Doppelblick auf das tief unten liegende La
Caleta de Famara zu wagen.

Das einfache Leben

La Caleta de Famara, der kleine Küstenort, liegt
am Fuße der hochaufragenden, steilen Felsen-
küste des Famaramassivs. Durch Dorfstraßen
treibt Flugsand. Je nach Windrichtung einge-
weht vom Strand oder von den in der Sonne
flirrend-weißen Sandfeldern der Wüste El Jable,
die das Dorf landseitig direkt umschließt. Touristisch „aufgeputzt" hat sich La Caleta de Famara
nicht. Hier blieb der Charme des einfachen Lebens erhalten. Nur der Platz vor der Mole und
vor dem winzigen, zwischen zwei Häusern ein-
gezwängten Kirchlein erhielt inzwischen eine
Platten-Pflasterung.

Auch Urlauber wohnen im Dorf. Aber nicht jene der Pool-Lieger-Kategorie. Und nicht in speziell errichteten Bettenburgen. Junge Surffreaks machen Station. Die nächtigen in einfachen Zimmern, Tür an Tür mit den Einheimischen.

Im Land

Schönstes Dorf

Spanien, einschließlich der Kanarischen Inseln, ist ein großes Land. Mit 1000 und mehr Dörfern. Trotz dieser vielen Mitbewerber hat es Yaiza bereits zweimal geschafft, zum schönsten Dorf Spaniens gekürt zu werden. Die Plastik „Bauernmädchen mit Krug", aufgestellt unter schattenspendenden Bäumen am „Plazuela de Victor Fernández", ist dafür sichtbarer Beweis. Mit einer solchen Skulptur werden Ortschaften geehrt, die den Wettbewerb „Schönstes Dorf Spaniens" gewonnen haben. Der Spaziergang durch den Ort zeigt, Yaiza ist wahrhaft ein schönes, ein geradezu stilvolles Dorf. Mit noch mehr Blütenpracht als anderswo.

Die Kirche in Yaiza ist (fast) immer geöffnet, lädt ein zum stillen Gebet, auch zur Besichtigung. Wunderschön die Altarwand und die Kassettendecke.

Typisch Lanzarote

Uralte, Vulkan-geborene, von Verwitterungs-
schichten überzogene Berge. Am unteren Hang
schnurgerade, schmale, mit dunkler Lapilli be-
deckte Felder, getrennt von Mauern zum Wind-
schutz. Darüber ein kanarisch-blauer Himmel.
So ist Lanzarote. Hier bei Uga.

Kalköfen

Zeugen der Vergangenheit: Die Reste vormali-
ger Kalköfen an der Straße von Yaiza nach Playa
Blanca, knapp südlich der Salinen von Janubio,
auf der Halbwüste El Rubicón. Hier wurde einst
Kalk gebrannt, aus fossilem, mit Muschelschalen durchsetztem Kalkgestein. Kalk zum Weißen
der Hauswände, zum Reinigen des aufgefange-
nen und gesammelten Regenwassers, zum Her-
stellen von Mörtel, für Viehfutter.

Kalkofen (oben)
Blick ins Innere (l.)
Fossiles Kalkgestein (r.)

Schaugiebel

Schlicht, aber nobel. So zeigen sich die kleinen Dorfkirchen. Wie die 1733 erbaute Kirche von Femés, die „Iglesia de San Marcial". Ein Kirchturm fehlt, wie üblich. Dafür hängen zwei Glokken – eine größere, eine kleinere – im wunderhübschen Schaugiebel.

Einblicke

Der Berg sieht aus wie andere auch, hier in der Randzone von Los Ajaches, dem Jahrmillionen alten Gebirge im Inselsüden. Das heißt, die Oberfläche des Berges zeigt die üblichen Verwitterungsspuren, grau-braun, unscheinbar. Aber dann hat man – kurz hinter Femés, an der Straße nach Las Breñas – einen Steinbruch oder eine Abbaugrube für Lavaasche eingerichtet. Jedenfalls den Berg unten an der Flanke angeschnitten. So kamen die eigentlichen vulkanischen Materialfarben wieder frisch zum Vorschein: in Rot und Schwarz.

Kontraste

Dunkel, fast schwarz, die mit Lavaasche bedeckten Felder. Strahlend weiß das Haus. Kontraste der Farben, vereinigt zu einem ausdrucksvollen Bild: Lanzarote!

La Geria

Eigentlich ist das 12 Kilometer lange Hochtal von La Geria verbrannte Erde, Ödland, mit Auswurfgranulat aus den Vulkanen bedeckt. Und es ist doch das berühmteste, das „grüne Tal" der Insel. Die Menschen haben Tausende von Mulden, bis zum Mutterboden, in die Vulkanasche ge-

graben, in jede Mulde einen Weinstock gesetzt. Mulde für Mulde ist mit einem gezirkelten Lavaschlacke-Steinmäuerchen umgeben. Mulde und Mauer schützen vor dem meist kräftigen Wind. Und die Lapilli-Schicht*) speichert den nächtlichen Tau, gibt die so gewonnene Feuchtigkeit am Tage an den Weinstock ab.

Hans-Ulrich Schmincke berichtet von einer weiteren, höchst positiven Eigenschaft basaltischer Lapilli. Zitat**): *„Eine zweite Eigenschaft ist das umfangreiche Elementspektrum vulkanischer Aschen, darunter auch die hohe Konzentration an Spurenelementen (...). Die Pflanzen finden*

hier ein reichhaltiges Angebot an anorganischen Nährstoffen vor, die ihr Wachstum befördern."

So gedeiht der Wein, vor allem die Malvasier-Traube. Von den Weinbauern sorgsam gehegt und gepflegt. Alles, wirklich alles in Handarbeit. Die vielfach hervorragende Qualität der Weine läßt sich probieren. In den Bodegas der Wein-produzenten, anzutreffen entlang der Straße, die durch's Tal führt.

*) Lapilli = grobkörnige Lavaasche

**) In seinem Buch „Vulkanismus", Wissenschaftliche Buchge-sellschaft, Darmstadt, 2. Auflage. ISBN 3-534-14102-4.

Fundacion César Manrique

Hier hat er gewohnt, der „große César". In einer Wohnstätte, die sich jeglicher gängiger Klassifizierung entzieht. Ein Haus im üblichen Sinne ist es nicht. Und weit, weit mehr als durch ausgebaute Gänge verbundende fünf Lavahöhlen allemal. Einzigartig, drinnen und draußen, oben und unten, in der Gesamtheit und in jedem Detail. Inmitten eines kargen, aufgetürmten, wildgezackten Lavameeres. Ein „tiefes Haus" ist es, im Stil der Altkanarier. Großzügig gestaltet, in der für Manrique so genial-typischen Verbindung von Natur und Architektur, von Kunst und von menschlichem Leben.

1987 zog sich Manrique nach Haria zurück, überließ die Anlage in Taro de Tahiche der von ihm gegründeten Stiftung „Fundación César Manrique". Für Besucher ganzjährig und täglich geöffnet.

Zwei Berge

Und immer wieder Berge. Wie hier an der Querstraße, die aus dem La-Geria-Tal nach Tinguaton führt. Im frühen Morgenlicht ...

Aschewände

291 Meter ist er hoch, der Montaña de Maneje. Dieser uralte, an der Oberfläche Verwitterungsspuren zeigende Berg besteht – wie viele andere auch – unter anderem aus „selbstausgeblasener" schwarzer Vulkanasche. In geradezu unvorstellbaren Mengen wurde die Asche aufeinandergetürmt, durch den Eigendruck kompakt zusammengepreßt. An der zur Straße*) gerichteten Flanke des Berges ist in einer aufgelassenen Abbaugrube an hohen Wänden die Mächtigkeit der Ascheschicht zu ermessen. Beeindruckende Bilder!

*) An der Straße von Taro de Tahiche nach San Bartolomé, zur rechten Seite kurz hinter der Fundación César Manrique.

Aschewand (rechte Seite)
Die Abbaugrube im Berg (unten)

Zonzamas

In liebevoll gepflegtem Vorzeigezustand befindet
sie sich nicht unbedingt, die bedeutendste ar-
chäologische Grabungsstätte der Insel am „Castillo de Zonzamas", gelegen auf windiger Höhe
an der Straße von Tahiche nach San Bartolomé.
Zonzamas soll der vorletzte König der Altkanarier, der Urbevölkerung, gewesen sein. Seinen
Namen hat man für dieses Grabungsquartier ent-
lehnt. Ob Zonzamas hier wirklich residiert, mit
den Seinigen gesiedelt hat, ist nicht sicher. Die
Gestalt einer frühen Siedlung ist durch Funda-
mente und Steinsetzungen in etwa erkennbar.
Kreisrunde Bauten, gegen den hier fast ständig
herrschenden steifen Wind halb in den Boden
versenkt, dominieren.

Besuchenswert: San Bartolomé

San Bartolomé, ein 5000-Einwohner-Städtchen, mitten im Land, nördlich von Arrecife. Nicht unbedingt für's Touristische. Hier leben Einheimische. Die stolz sind auf ihren Heimatort. Dem haben sie Ausdruck verliehen. Mit einem stattlichen Rathaus. Dessen Uhrturm die benachbarte Kirche überragt, dessen Arkadengang feine Architektur ist. Daneben das Stadttheater. Anschließend die Kirche „Iglesia de San Bartolomé", 1789 erbaut. Vor Rathaus, Theater und Kirche die „Plaza Léon y Castillo" mit prächtigen Palmen, bunten Blumenrabatten. Und immer gepflegt, pieksauber. Alles zusammen: ein schönes Ensemble.

Stilleben à la Lanzarote

Der Kaktus – das Lavafeld – die einsame Palme.

Liebenswertes Lanzarote

Der verwilderte, aber dauerblühende Geranienstrauch an der Trockenmauer, neben dem mit schwarzer Lapilli bedeckten Feld. Motiv: liebenswertes Lanzarote.

Teguise - Städtchen mit Charme

Teguise, 434 Jahre lang Inselhauptstadt, von 1418 bis 1852. Und noch immer mit dem Flair jener Zeiten, in denen Kirchen und Klöster, Herrenhäuser des Adels und Bauten des Großbürgertums das Stadtbild prägten. In denen aber auch die „kleinen Leute" in verträumten Seitengassen wohnten.

Der Spaziergang durch die denkmalgeschützte Altstadt ist ein Gang durch die Geschichte, der Stadt und Insel. Zum „leblosen" Stadtmuseum ist Teguise nicht verkümmert, sondern eine aktive kleine Metropole geblieben. Man ging mit der Zeit. Das einstige Franziskanerkloster beherbergt ein Museum sakraler Kunst. Das „Palaccio del Marqués", der „Grafenpalast", ist nunmehr Restaurant. Im Zehnthaus – die Einwohner hatten den zehnten Teil ihrer Ernteerträge der Geistlichkeit abzuliefern – residiert eine Filiale der kanarischen Sparkasse. Aus dem vormaligen Dominikanerkloster wurde das Rathaus. Und so weiter.

Neben diesen historischen „Vorzeigebauten" sind es die kleinen, gepflegten, niedrigen Häuser in schmalen, kopfsteingepflasterten Gassen, die den Charme dieser Kleinstadt ausmachen. Komplettiert um stilvoll gestaltete, moderne Plätze.

Schönheit

Anno 1406 helratete Maciot de Béthencourt, zu jener Zeit Statthalter der Insel, die Tochter Guardafias, des letzten altkanarischen Fürsten Lanzarotes. Die Dame hieß Teguise. Der Herr Béthencourt stand nicht an, die vorhandene altkanarische Ortschaft nach seiner Frau (um-)zu benennen: Teguise. Wobei es, wie bekannt, bis heute geblieben ist. Ergänzend wird berichtet, die besagte Frau Teguise sei eine wahre Schönheit gewesen. Die heutigen Mädchen und Frauen dieser Stadt zeigen sich ebenbürtig: deren Schönheit wird gerühmt.

Teguise – von oben gesehen

Zu Teguise gehört der 447 Meter hohe Vulkan Guanapay, gewissermaßen der Hausberg des schönen Städtchens. Guanapay ist ein historischer Vulkan, einige Jahrmillionen alt. Man kann auf fester Straße den Berg hinaufwandern oder -fahren. Empfehlung: Auf etwa halber Höhe anhalten. Den Blick auf das weiße Teguise von oben – aus dieser „mittleren Distanz" – sollte man nicht versäumen.

Blick ins ockerfarbene Land

Auf der Spitze des Teguiser Hausberges Guanapay, am Kraterrand, steht seit Jahrhunderten die Festung Santa Barbara. Sie diente den seinerzeitigen Inselherren bei Piratenüberfällen als Fluchtburg. Die mächtigen Mauern sind beeindruckend.

Aber noch beeindruckender ist von hier oben der weite Blick ins ockerfarbene Land. Mit dem Tal, den sanft und ebenmäßig ansteigenden Hügeln, in der Ferne mit den Bergen. Dieser Landschaft hat die Erosion „ewiger Zeiten" alle Kanten und Grate längst genommen.

Wie du mir, so ich dir ...

1454 (bis 1837) kam Lanzarote in den Besitz der andalusischen Adelssippe Herrera. Die Herrschaften benötigten billige Arbeitskräfte und Geld. Da im Verständnis damaliger braver Christen alle sogenannten Ungläubigen gewissermaßen vogelfrei waren, fuhr man rüber nach Nordwestafrika und ging auf Sklavenjagd. Mehrfach und höchst erfolgreich. Soweit man die geraubten Berber und Schwarzafrikaner nicht für die eigenen Güter benötigte, ließ man sie auf dem Sklavenmarkt von Las Palmas auf der benachbarten Insel Gran Canaria verkaufen. Die spanische Krone hatte keine Einwände. Im Gegenteil: 1505 wurden derartige Raubexpeditionen ausdrücklich als göttliche Kreuzzüge gegen die Ungläubigen dekla-

riert. Einen solchen „Freibrief" ließ sich das spanische Königshaus allerdings bezahlen. Künftig mußte ein Teil des Verkaufserlöses der Sklaven an die königliche Schatulle abgeliefert werden. Und weil der Herr Agustin de Herrera 1576 angeblich gleich 1000 Mauren mit einem einzigen „Kreuzzug" rauben konnte, wurde er vom König Philipp II. sogar in den Grafenstand erhoben.

Die Antwort der „Ungläubigen" blieb nicht aus. Sie erschienen ihrerseits auf Lanzarote, verwüsteten Dörfer, raubten viele Bewohner. In den Annalen stehen unter anderem diese Revanche-Raubzüge: 1569 kam der Pirat Calafat, der Marokkaner, dem der Kalif von Fes eine Flotte von

Grüne Fenster, grüne Türen

9 Galeerenbooten ausgerüstet hatte. Dogali, genannt der „Kleine Türke", erschien mit seinen Mannen 1571. 1586 dann Morato Arraéz, der im Dienst des osmanischen Sultans stand. 1618 schließlich sollen Jabáu und Soliman etwa 1000 Bewohner Lanzarotes verschleppt haben, wohl mehr als die Hälfte der damaligen Einwohner. Die Geraubten wurden auf Sklavenmärkten Afrikas versteigert. Nur wenige gegen Zahlung von Lösegeld freigelassen.

Lanzarotes Geschichte von Menschenraub und Gegen-Raub – eine lange Kette von tragischen Einzelschicksalen, menschlichen Tragödien, unendlichem Leid.

Nicht irgendein neumodischer architektonischer Stilmischmasch, sondern die überkommenen weißen, kubischen Häuser sollen es sein. Hat César Manrique gesagt. Oder so ähnlich. Dazu gehören die grünen Fenster und Türen. Die letzten zeigen sich in den Ausführungen neu und alt, oder auch fein und schlicht. Die schlichten alten sind eigentlich die schönsten. Oder?

Türluke

Die kleinen Luken in den schönen alten Holz-
türen machen Sinn. Zwecks Lüftung einerseits.
Zwecks Ausguck andererseits.

Wildblumenblüte

In den Winterwochen (aber was heißt hier schon
Winter …?!) hatte es das eine und andere Mal
geregnet. Nur wenig, kurze, heftige Schauer. „Zu
wenig", stöhnen die Winzer von Tinajo, der Ge-
meinde mit dem stärksten Weinanbau. Für die
Wildblumen aber hat es gereicht. Jetzt, Anfang
März, blühen sie. An Wegrändern, auf Schotter-
plätzen und Brachland, am Berghang und zwischen den Steinen uralter Lavafelder. Eine far-
bintensive, bunte Blütenpracht!

Barranco

Rundherum Atlantik – aber sonst: die Insel ist wasserarm. Extrem wenig Regen, keine dauernd fließenden Quellen, keine Seen, keine Flüsse, keine Bäche. Und dennoch gibt es Barrancos, ins Gelände tief eingeschnittene Schluchten, die vom Inselinnern abwärts zur Küste führen. Insbesondere ausgehend von den beiden ältesten Höhenzügen Lanzarotes, dem Famara-Massiv im Norden und Los Ajaches im Süden. Wie beispielsweise der Barranco de la Espoleta. Man könnte meinen, mächtige Wasserströme haben vor „Urzeiten" diesen Barranco ausgespült, ausgefräst. Oder welche Naturkräfte waren ansonsten am Werk? Rätselhaftes Lanzarote.

Koschenille – Orseille – Barillasoda

Die Einwohner Lanzarotes leben von den Touristen – sozusagen. Nicht ausschließlich, aber doch hauptsächlich. Allerdings boomt dieser Erwerbszweig erst seit den späten 1970er Jahren.

Und vorher? „Meyers Konversations-Lexikon" der Ausgabe 1914 berichtet: *„Lanzarote (...) hat Handel mit Koschenille, Orseille und Barillasoda."*

Koschenille? Orseille? Barillasoda? Uns Lanzaroteurlaubern des gerade begonnenen 3. Jahrtausends sind diese Produktbezeichnungen eher fremd. Begriffe der Vergangenheit.

Koschenille

In „D. Georg Heinrich Zinkens Allgemeines Oeconomisches Lexicon" der Ausgabe aus dem Jahre 1780 heißt es: *„Cochenille (...) ist eine vortreffliche Purpurfarbe. Sie kommt aus Mexico in Gestalt kleiner Körner, die von außen schwärzlich oder aschgrau mit Roth vermischt sind, und ehemals für Samen von einer gewissen Pflanze gehalten wurden. Es ist aber ein Insekt, nämlich eine Art Schildlaus, die sich auf den Blättern einer Art Feigenbäume (Cactus Opuntia) aufhält. Die Bäume werden sorgfältig gewartet, und eine ungeheure Menge dieser Blattläuse davon gesammelt, die man dorrt, und alsdann nach Europa versendet.*

Besatz mit Schildläusen auf einem „Ohr" des Feigenkaktusses

3 bis 4 Pfund geben getrocknet nur 1 Pfund. (...)
Man braucht sie zum Blau-, Carmesin-, Violett-
und Purpurfärben."

Angemerkt: Von der Koschenillekultur auf den Kanaren ist im Lexikon des Jahres 1780 also noch keine Rede. Völlig richtig. Die Koschenillezucht auf den sogenannten Feigenkakteen begann hier erst um 1830 mit Importläusen aus Mexiko. Als in der 2. Hälfte des 19. Jahrhunderts die industriell entwickelten Anilinfarben in den Markt kamen, war der karminrote, auch in Lippenstiften und Campari genutzte Farbstoff aus den Schildläusen zunehmend nicht mehr konkurrenzfähig. Die Koschenilleproduktion ging schnell zurück, kam auf Lanzarote überwiegend zum Erliegen.

Ein Bauer zeigt, wie geerntet wird (o.r.)
... mit einem Löffelschaber (r.)
So rot färbt die Koschenille (o.)

113

Orseille

In „J.K. König's Droguerie-, Spezerei- und Farbwaaren-Lexikon", 9. Auflage, aus dem Jahre 1886, wird die Orseille wie folgt beschrieben:

„Ein aus mehreren Farbflechten durch eine Gährung derselben mit faulem Harn bereiteter Farbstoff. Ein röthlicher Teig von eigenthümlichem, veilchenartigen Geruche. Man unterscheidet die sogenannte Krautorseille, welche vorzugsweise aus der auf den kanarischen Inseln (...) wachsenden Färberflechte, Roccella tinctoria, besteht und die Erdorseille, eine geringere, in Frankreich bereitete Sorte (..). Anwendung: In der Färberei. Der holländische Kugelkäse verdankt seine äußerlich rothe Farbe der Orseille."

Angemerkt: Selbstredend wurde nicht nur die leuchtend-rote Rinde des (einst) berühmten holländischen Kugelkäses mit Orseille eingefärbt. Dieser Farbstoff eignete sich hervorragend auch für das Einfärben von Samt und Seide in Purpurrot. Und war entsprechend begehrt. Schon die seefahrenden Phönizier sollen diese Färberflechte auf Lanzarote „geerntet" haben.

Barillasoda

Im Handbuch der „Waaren- und Produkten-Kunde" von Carl Courtin, in der Ausgabe von 1846, heißt es: *„Barilla (...). Die beste, spanische Sorte von natürlicher Soda. Man bereitet sie durch Verbrennen der SALSOLA SODA, einer Strandpflanze (...)."*

Angemerkt: Auf Lanzarote, wie überhaupt auf den Kanaren, wurde Barillasoda aus der Kristall-Mittagsblume (auch Eiskraut und Zaserblume genannt) gewonnen. Der botanische Name dieser Planze: Mesembryanthemum Crystallinum L., der spanische Name: Barilla. Ursprünglich war diese Pflanze hier nicht heimisch. Sie wurde zwecks Sodagewinnung von Südafrika eingeführt und in großem Umfang angebaut. Die Kristall-Mittagsblume/Barilla zieht die feuchte Meeresluft an und wandelt deren Salzbestandteile zu Natrium. Dieses lagert sich auf den Blättern ab. Durch Verbrennen der Pflanze gewinnt man daraus Soda.

Wirtschaftlich genutzt wird diese Naturform der Sodaherstellung nicht mehr. Es erwies sich als günstiger, Soda aus Salz zu produzieren. Die Kristall-Mittagsblume aber ist geblieben. Sie hat sich selbsttätig weiter ausgebreitet und ist jetzt ein fester Bestandteil der Kanarenflora.

Auf Lanzarote blüht Barilla im Frühjahr an vielen Stellen an Wegrändern, auf Brachland. Oft in dichten, ‚teppichartigen' Beständen.

Barilla im Frühstadium ...   ... und in der Blüte

„Jardin de Cactus"

„Jardin de Cactus", der Kaktusgarten, von César Manrique entworfen, ist eine touristische Attraktion allerersten Ranges. In einer großen Mulde entstand eine Art kreisrundes Amphitheater, von Lavasteinwänden eingefaßt, mit stufenförmig ansteigenden, begehbaren Terrassen.

Ein paar tausend Kakteen sind hier zu bewundern. In – so sagt es das Informationsblatt – 1420 verschiedenen Arten. Die Kakteen sind nicht dicht an dicht, sondern solitär gepflanzt. Das steigert die Wirkung. Jeder Kaktus ist freistehend rundherum zu betrachten. Und es sind zumeist ebenso prächtige wie ausgefallene Exemplare. Typisch für Lanzarote sind die meisten der Kakteen allerdings nicht. Es sind Importe, vor allem aus Afrika und Amerika. Die zugehörige alte Windmühle auf dem angrenzenden Hügel jedoch ist heimisch. Sie stammt aus dem Ort, aus Guatiza.

Das wahre Leben

Gleich gegenüber der architektonisch-botanischen Kunstwelt des „Jardin de Cactus", auf der anderen Straßenseite, beginnt das wirkliche Leben: die Feigenkaktusfelder von Guatiza. Durch Lavasteinmauern in kleine, windgeschützte Parzellen unterteilt. Manche Felder sind erkennbar außer Kultur, aufgegeben. Die große Zeit der Koschenillezucht ist vorbei. Die Kakteen gedeihen dennoch. Und auch die Schildläuse, die Koschenillen, wie der weiße Besatz auf vielen Blättern zeigt.

Erosionsberg

Die Straße von Arrieta an der Küste hoch nach Haria führt im Barranco ziemlich steil aufwärts. Vor der ersten großen Serpentinenkurve zur linken Seite Berghänge in Rot-braun. „Alte Berge", wie tiefe Erosionsfurchen zeigen, unberührt von den jüngsten Vulkanausbrüchen.

Kartoffeln, Melonen und dergleichen

Im Durchschnitt nur 140 Millimeter Regen pro Jahr, selten etwas mehr, gelegentlich weniger. Nach agrarwissenschaftlicher Lehrmeinung ist somit Landwirtschaft nicht möglich. Auf Lanzarote doch. Die Bauern bedecken ihre Felder mit Lapilli (auch Picón genannt). Dieses aus den Vulkanen ausgeschleuderte Material in der Körnung 2 bis 20 Millimeter ist wasseranziehend und wasserspeichernd. Dank der vom Meer kommenden Passatwinde ist Luftfeuchtigkeit vorhanden, tritt nächtlicher Tau auf. Die Lapilli-Schicht „bunkert" diese Feuchtigkeit und gibt sie dann an die Pflanzen ab. Das reicht! Damit der fast ständige warme Wind am Tage nicht allzuviel Feuchtigkeit wieder austrocknet, sind die stets kleingeteilten Felder von schützenden Steinmauern aus Lavabrocken oder sonstigem Material eingefaßt. Also kann geerntet werden: Kartoffeln und Zwiebeln, Melonen und Auberginen. Und manches mehr.

Melonen aus Mancha Blanca (o.)
Kartoffelanbau auf Lapilli in Los Valles (r.)

Feigen

Feigenbüsche wachsen einige Meter hoch. Und sie mögen keinen Wind. Der aber weht auf der Insel fast ständig, in höheren Lagen heftig. Deshalb haben die Lanzaroteños ihre Feigenbüsche in besonders tief ausgehobene und damit windgeschützte Mulden gepflanzt. So gedeihen die Feigen. Sie stehen einzeln, solitär, nicht in geschlossen Plantagen, eingesprenkelt in das Landschaftsbild.

Farbtupfer

Die aus handlichen Lavaschlackebrocken aufgeschichteten Mauern sind Zweckbauten. Sie schützen das Feld vor dem ständigen Wind, stützen in Hanglagen das Land, verhindern ein Abrutschen. Hier und da gedeihen auf und an den Mauern angepflanzte Blumengewächse. Fröhliche Farbtupfer vor dem Lapilli-Schwarz des Ackers in der vegetationsfreien Zeit. Der alte Bauer pflegt seine Mauerblumen, entfernt sorgsam trockene Teile.

Feigenbusch im „Winterkleid" (o.)
Frisches Grün Anfang März

120

Los Valles

Los Valles, der Name sagt es: das Dorf im Tal. Die weißen Viereck-Häuser sehen stets aus wie frisch gewaschen. Nordwärts führt die Straße stark bergauf. Am „Mirador del Valle" empfiehlt sich ein Halt. Um den Blick zurück in das von terrassierten Hängen gesäumte Tal nicht zu versäumen.

1000 Palmen

Mehr Palmen stehen nirgends als in und um Haria. „Haria – Tal der 1000 Palmen" heißt es. Einheimische schwören bei allen denkbaren Heiligen, in Wahrheit seien es noch mehr. Nachgezählt hat derweil vermutlich niemand. Feststeht, die Palmen gereichen dem Ort zur Zierde. So sehr, daß man sich gern „schönstes Dorf der Insel" nennt. Auswärtige, um ihre Meinung gefragt, relativieren vorsichtig: *„Eines des schönsten Dörfer, gewiß."*

Wenn die Wolke kommt

In Teilregionen des Inselnordens, zum Beispiel auf den Höhen bei Haria und westlich von Tabayesco, gedeihen sogar kanarische Kiefern. Weil hier mehr Passatwolken mehr Feuchtigkeit herantransportieren. Die Kiefern „fegen" mit ihren langen Nadeln die Feuchte aus der Luft. Auf den Höhen oberhalb von Haria, an der Straße Richtung Los Valles, läßt sich oft das Aufziehen einer Wolke aus Westen beobachten. Währenddessen die weißen Häuser von Haria noch in der Sonne leuchten.

Die Schutzpatronin

Neben der Kirche von Mancha Blanca steht auf einem Lavablock ein schlichtes Holzkreuz. Es markiert die Stelle, an der am 16. April 1736 der glühende Lavastrom teils zum Stehen kam, teils eine veränderte Richtung nahm: Mancha Blanca war gerettet, wurde nicht unter Lavamassen begraben. Vollbracht hatte dieses Wunder die „Virgen de los Dolores". Deren aus der Kirche von Tinajo entliehene Madonnenstatue hatten die Bewohner Mancha Blancas in einer Bittprozession dem Lavastrom entgegen getragen. Und sie gelobten, eine Kapelle zu errichten, wenn ihr Dorf von den Urgewalten der strömenden, alles vernichtenden Lava verschont bliebe.

Ihr Gelöbnis „vergaßen" die Bewohner. 44 Jahre lang. Da erschien die heilige Maria einem jungen Hirten. Und drohte, die erstarrte Lava wieder zu verflüssigen, sollte die versprochene Kirche nicht errichtet werden. In großer Angst (und wohl auch mit schlechtem Gewissen) bauten die Bewohner das Gotteshaus, die „Nuestra Senora de los Dolores". Als „Virgen de los Volcanes", als „Jungfrau der Vulkane", ist die Madonna heute die Schutzpatronin von Lanzarote. In der täglich geöffneten Kirche steht ihre in kostbare Gewänder gehüllte Statue in der Mittelnische des Hochaltars.

Der Blick von Südwesten auf die Ortschaft Mancha Blanca

Der Berg und die Asche

Hell und freundlich zeichnet sich die Bergspitze vor dem blauen Himmel ab. Das Aschefeld am Berghang bleibt abweisend dunkel, fast schwarz. Und doch - sie gehören zusammen.

Der einzelne Weinstock

Aufgetürmte Lavawände, davor ein Aschekegel-
trichter. Und mitten darin, windgeschützt und
beschattet von einer, in mühevoller Handarbeit
aufgeschichteten, halbrunden Steinmauer, ein
Weinstock.

Wundersames, wundervolles Lanzarote.

El Jable

Südlich von Sóo, östlich von Muñique: El Jable, die etwa 40 Quadratkilometer große Wüste. Eine Ebene bis zum Horizont, konturenlos an diesem wolkenverhangenen Septembertag. Das helle Material wird von der Küste seit unendlich langen Zeiten ungehindert landeinwärts geweht. Es ist Dünensand der besonderen Art, besteht zu großen Anteilen aus feinstzerriebenen Muschelschalen.

Die Bauern beweisen: Diese Wüste ist fruchtbar. In den aufgelockerten Boden pflanzen sie Kartoffeln, Melonen, Gurken - unter anderem. Die Wurzeln der Pflanzen erreichen den unter dem Sand liegenden humushaltigen Boden. Die Bewässerung? Der Jable-Sand „funktioniert" genauso wie Vulkan-Lapilli. Das heißt, er saugt den nächtlichen Tau auf, speichert ihn und gibt ihn dann am Tage an die Pflanzen ab. Allerdings, nur noch kleine Teile von El Jable werden landwirtschaftlich genutzt. Dort, wo der Anbau wieder aufgegeben wurde, weil Aufwand und Ertrag nicht mehr im sinnvollen Verhältnis standen, erkennt man oft noch die alten Pflugspuren des Einschar-Hakenpfluges.

Die Ziegen von Sóo

Ziegen gehören auf Lanzarote ganz einfach dazu, draußen im Land, nicht in den Touristenorten an der Küste. Schon die Altkanarier sollen Ziegenhaltung betrieben haben. Folglich: Ziegen haben hier Heimrecht, seit vielen Jahrhunderten. Die Herden sind ein fröhliches Ziegen-Kunterbunt: weiße, schwarze, braune und in allen Mustern gescheckte Tiere. Ausgangs des Sommers, wenn im Land so ziemlich alles vertrocknet ist, haben es selbst die genügsa-

men Ziegen schwer, ausreichend Futter zu finden. Der Ziegenhalter in Sóo hat zugefüttert
mit Maiskolben - oder sind es nur Maiskolben-
blätter? Übrigens: Insel-Ziegenkäse ist ebenso
schmackhaft wie bekömmlich.

El Patio

El Patio, das private Agrarmuseum in Tiagua. Ein Rundumerlebnis der Landwirtschaft und des Lebens früherer Zeiten auf einem herrschaftlichen Besitz. Einerseits Museum, andererseits aktiv bewirtschaftetes Gut mit Ackerbau, Weinbau, Tierhaltung. Der Spaziergang über Felder gehört für Besucher dazu. Gäste willkommen. Der einzelne Gast kann sich ungestört durch verschiedene Gebäude, Tiergehege, das große Freigelände „treiben lassen". Und betrachten, erkunden, bewundern: Der Einschar-Holzpflug von anno einst. Gezogen vom Dromedar, das gleich daneben liegt und Siesta hält. Zwei Windmühlen, Mahlsteine aus Uraltzeiten. Die funktionsfähige, Göpel-getriebene Gofio-Mühle unter Dach. Den Backofen im Freien. Die Hof-eigene Kapelle mit kleinem Altar. Trachten, Töpferarbeiten, Werkzeuge, Webstühle, Weinpressen. Und.. und... und. Dazwischen überall blumenumrankte, lauschige Plätze zum Verweilen. Das Probiergläschen Wein aus der hauseigenen Kelterei mundet sehr.

Alte Gofio-Mühle in El Patio

Kamine

Heizungen, wie in Mittel- und Nordeuropa, sind in hiesigen Häusern eigentlich nicht erforderlich – dem Klima sei Dank. Also braucht es auch keine Heizungsschornsteine. Und gekocht wird heute auch nicht mehr auf dem Herd mit richtigem Feuer. Folglich sind die wohlgeformten Kamine auf neuen Touristenhäusern in der Regel mehr traditioneller Zierat als echte Notwendigkeit.

Auf manchen älteren Gebäuden blieben „echte" Kamine erhalten. Aus jenen Zeiten, in denen das Herdfeuer loderte, man im Hause auch das Brot backte.

Diese oftmals originell geformten Kamine sind eine Zierde. Einige verraten maurischen Einfluß, erinnern an Minarette im Kleinformat.

138

Se vende

Sie hat bessere Zeiten gesehen, die Windmühle von Tiagua. Nicht die im benachbarten Agrarmuseum El Patio, die ist museumsgerecht gepflegt. Sondern jene, schräge gegenüber der Kirche, an der Straße. Dort, wo sie immer stand und vormals Getreide und Mais vermahlen hat. Nun ist sie außer Betrieb. „Der Zahn der Zeit" zeigt Spuren. Wie an dem kleinen Holzbalkon. Und an der von einem Schmuckvogel bekrönten Dachhaube, gleich hinter dem Flügelkranz. „Se vende" - „zu verkaufen" steht auf einem Schild*). Möge sich ein Käufer finden, der diese schöne Mühle erhält.

*) Stand März 2004.

Kirche in Weiß

Die Kapellen und Kirchen in den Dörfern strahlen stets in frischem Weiß. Und sind meist architektonische Kostbarkeiten. Wie jene in Tiagua, dem Bauerndorf. „Ermita de Nuestra Señora de Socorro" heißt sie und soll aus dem 16. Jahrhundert stammen.

Aufgegeben

Die schmalen Terrassenfelder am steilen Berghang ermöglichen keinen Maschineneinsatz. Die Bestellung ist reine, schwere Handarbeit. Das gilt auch für die Erntearbeiten, für den Abtransport des Erntegutes, für die Pflege der schützenden Steinmauern. Folglich, Landwirtschaft auf Terrassenfeldern in schwieriger Lage rechnet sich nicht mehr. Und deshalb wurden viele dieser Kulturen aufgegeben. Nur die Mauern aus sorgsam geschichtetem Lavagestein und die Bodendecke aus feuchtigkeitssammelnder Lapilli, der grobkörnigen Lavaasche, erinnern dann noch an einstige Ernten.

Am Abend

Abendstimmung. Ein Himmelsfarben-Bild zum Abschied. Aber nur für diesen Besuch. Auf Wiedersehen, schöne, einzigartige Insel.

Bis bald!

Danksagung

Autor und Verlag bedanken sich für Informationen, für Fotogenehmigungen, für vielerlei freundliche Hilfen bei folgenden Institutionen und Personen:

- Ministerio de Medio Ambiente, Organismo Autónomo Parques Nacionales, Parque Nacional de Timanfaya in Tinajo
- Fundación César Manrique in Taro de Tahiche
- Cabildo de Lanzarote, Centros de Arte, Cultura y Turismo in Arrecife
- Museo Agricola el Patio in Tiagua
- Estella und Nora Köhler, Repräsentantinnen der Urlauber-Villenanlage „Villas Alondra" in Los Mojones, Puerto del Carmen
- Juan Morales Reyes, Nationalpark-Ranger, wohnhaft in Uga
- Und bei weiteren Lanzaroteños, die ungenannt bleiben wollen.

Ihnen allen: Muchas gracias!

Impressum

© Edition Temmen 2004
Hohenlohestr. 21
28209 Bremen
Tel. 0421-34843–0
Fax 0421-34 80 94
info@edition-temmen.de
www.edition-temmen.de

Alle Rechte vorbehalten
Gesamtherstellung: Edition Temmen

ISBN 3-86108-918-1

Bildnachweis: Regine Scharnweber Seite 56
alle übrigen Fotos vom Autor

Lanzarote

LEGENDE / ZEICHENERKLÄRUNG

Autobahn	✻	Aussicht	
Hauptstraße	Ⓡ	Rasthaus/Restaurant	
Landstraße	♁	Kirche/Kloster	
Nebenstraße		Burg/Turm	
gesperrt für KFZ	Ⓜ	Museum	
Fahrweg	✱	sehenswert	
Fußpfad	⚱	Denkmal	
Fähre	⌒	Höhle/Grotte	
Gipfel	Ⓟ	Parkplatz	
Lavafeld	⛱	Strand	
Weinanbau	⚓	Hafen	
	⛺	Zeltmöglichkeit	

Höhenschichten (m)
0 100 200 300 400 600

Océano Atlántico
(Atlantischer Oze

La Isleta
La Sp
Montaña Bermeja 189 m
Casas de El Melián
La Santa
El Cuchillo
Muñi

Playa del Calladito
Playa Teneza
Punta los Cuchillos
Caseria de Teneza
Montaña de Tinajo 214 m
Tinajo
Mont de Tin
3.34

Playa Gaviota
Playa del Reisado
Punta Gaviota
Islotes des Punta Gaviota
Tajaste
Teneza 368 m

Playa de la Madera
Islote Los Camellos
Casas del Islote
Mancha Blanca
Tinguaton
Ermita de los Dolores
La Vegueta

El Volcán
Risco Quebrando 392 m
Caldera Blanca 458 m
Montaña del Cortijo 435 m
Montaña de Tizalaya 453 m

Parque Nacional de Timanfaya
Montaña Tingara 325 m
Montaña Los Rodeos 447 m
Montaña Ortizi 470 m
Montaña de Juan Bello 410 m
Masdache

Punta de la Ensenada
Playa del Cochino
Halcones 103 m
Caldera Roja 427 m
Montaña del Fuego de Timanfaya
El Diablo
Ⓟ Ⓡ
Fuego 510 m
345 m
Los Miraderos 509 m
Caldera Colorada 465 m
Montaña Negra 510 m
Ermita de la Magdalena
Montaña Blanca

Playa del Paso
Montaña Encantada 246 m
Pico Partido 517 m
Ermita de la Magdalena

Punta del Jurado
Casas de Juan Perdomo
Ruta de Tremesana
Caldera del Corazoncillo 368 m

El Golfo
Caldera Tremesana 318 m
Mar de Lava
Montaña Diama 468 m
Vegas de Tegoyo
Montaña Tersa 508 m
Conil

Punta de Puerto Remedio
Montaña de El Golfo 152 m
Montaña Chupaderos 432 m

Playa de Montaña Dermaja
Montaña de la Vieja Gabriela 226 m
Yaiza
Guardilama 603 m
La Asomada
Tías

Los Hervideros
Uga
Tinasoria 503 m
Mácher
Mor Mo

Montaña de la Cinta 436 m
Pico de la Tejada 162 m

Las Hoyas
Montaña del Medio 403 m
Caldera Riscada 446 m
Los Mojones

Laguna de Janubio
Salinas de Janubio
Las Casitas de Femés
Puerto Calero

Playa de Janubio
Las Breñas
Casas de la Degollada
Pico Naos 415 m
Playa Grande (Playa Blanca)

El Convento
Atalaya de Femés 608 m
Las Casitas 462 m
Montaña Bermeja 229 m
7 Islas
Puerto del Carmen

El Cortijo de la Mareta
Maciot
Femés
Los Ajaches
Playa Quemada Ⓡ
Playa de la Arena

Punta Gorda
Casas de Masión
Pico Retondo 551 m

Punta Ginés
Atlante del Sol
El Rubicón
El
Hacha Grande 560 m
Bahía de Ávila

Montaña Roja 194 m
Montaña Baja
Playa Blanca
Los Morros de Hacha Chica 260 m
Punta Gora

Punta de Pechiguera
Faro de Pechiguera
Playa de Montaña Roja
Punta Limones
⚓ Playa Flamingo
Castillo de los Coloradas
Playa de Mujeres
Corralejo (Fuerteventura)

Fuerteventura

El Papagayo Ⓡ
Playas de Papagayos
Playa de Puerto Muelas
Punta de Papagayo